JN164958

これらのマークは、
どんなところで
見つけられるかな？

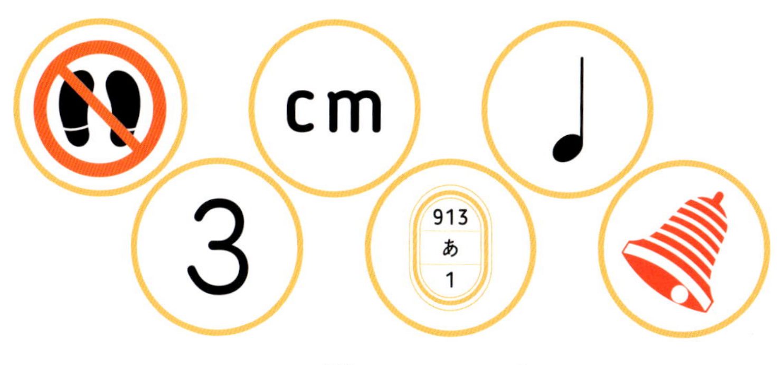

次のページで見つけてみよう

はじめに

わたしたちの身の回りには、たくさんの記号やマークがあります。場所をしめすため、注意をうながすため、コミュニケーションをとるためなど、役割はさまざまです。その役割を十分に伝えるために、色や形、デザインなどにいろいろなくふうがされています。この本では、そんな記号やマークの役割やくふうについて注目しています。

この本の使い方

どこで、どんな記号やマークが使われているかを、イラストでしょうかいしています。

記号・マークの役割・くふう
記号やマークが何を伝えようとしているのかを説明し、大切な部分に黄色の帯を引いています。色や形、デザインについても注目しています。

もっと知りたい！
関連する情報や豆知識などについて、取りあげています。

マンガ
記号やマークをモチーフにしたマンガです。

クイズ このほか、クイズもあります。友だちや家族と楽しんでください。

＊記号やマークは、JIS（日本工業規格）やISO（国際標準化機構）の規格があるもの、法律で定められたもの、業界のだんたいや会社がつくったものなどがあります。
＊記号やマークの色は、印刷の具合でじっさいとは少しちがう色になっている場合があります。
＊この本の内ようは、2018年１月の情報にもとづいています。

校しゃでよく見る記号・マーク

げた箱、教室、ろうかなど、校しゃの中では、いろいろな記号やマークを見つけることができます。学校での時間を楽しくすごすため、集団生活のマナーを覚えるため、安全のためなど、記号やマークはさまざまな役割をはたしています。

3
135cm
DAIICHI
KGZ-2450-BDT0
W65×D45×H58cm
No. MD1802
JIS
S1021
JQA
JQ0507121
JOIFA 208

走らな

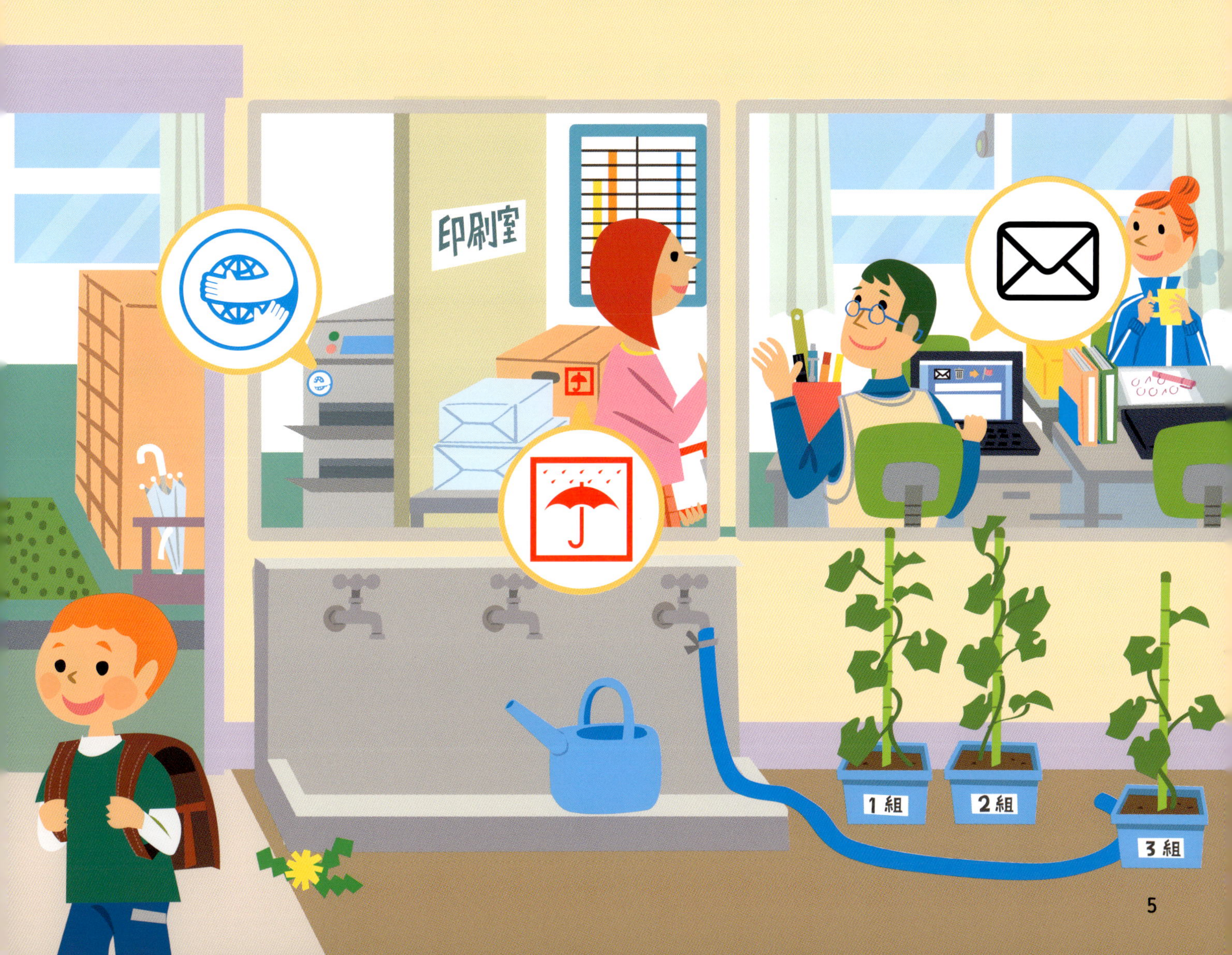
印刷室
1組
2組
3組

教室の記号・マーク

毎日をすごす教室の中に、たくさんの記号やマークを見つけることができます。何気なく見ていますが、１つひとつに意味があります。

ベルマーク

「ベルマーク運動」に参加している商品に、さまざまなデザインでついているマーク。しまもようの「ベル（かね）」が特ちょうです。これを切りとって集め、「ベルマーク教育助成財団」へ送ると、「ベルマーク預金」となり、学校の設備や教材などを整えるために役立てられます。

ベルマークのファミリー

ベルマーくん

りんちゃん

パパベル

ママベル

容器包装の材料を表すマーク

材料を表すマークが消しゴムのケースなどについています。ごみとして捨てるときに材料ごとに分別すれば、地球環境を守ることにつながります。

プラスチック容器包装（識別マーク）

使用ずみプラスチック容器包装を分別して収集するための識別（見わける）表示。飲料などのペットボトル以外の、プラスチックの容器や包装についています。矢印は、じゅんかんするリサイクルのイメージです。

紙製容器包装（識別マーク）

紙製の容器包装を分別して収集するための識別（見わける）表示。段ボールや牛乳パック以外の、紙箱、紙ぶくろ、包装紙、紙コップ、アルミがついた紙容器などについています。この矢印も、じゅんかんするリサイクルのイメージです。

グリーンマーク

古紙を決められたわりあい以上利用した製品であることをしめすマーク。木がシンボルになっています。しげんを大切に使うためのマークの１つで、紙のリサイクルをすすめます。名前のようにマークの色もグリーンです。トイレットペーパーやノートなどのほか、テープの巻きしんにもついています。

ベルマークはどこ？

つくえやいすにあるマーク

大きさや形、材しつが「JIS(日本工業規格)」で決められた基準に合格した製品であることをしめすJISマークがつけられています。このマークは、すぐにこわれることなく、安全に使えることなどを表しています。ほかにも、つくえやいすを使うのにてきした人の体の大きさを表す記号や、幅、おくゆき、高さをしめす記号などもついています。

サイズを表す数字を記しています。

つくえを使うのにてきした身長の目安です。

JISマーク
鉱工業品のJIS規格に合格していることをしめしています。

DAIICHI
KGZ-2450-BDT0
W65×D45×H58cm
No. MD1802
S1021
JQA
JQ0507121
JOIFA 208

商品番号

Wは幅、Dはおくゆき、Hは高さをしめしています。

製造番号

ぼうさいヘルメット

折りたたみ式ぼうさいヘルメットの使い方を知らせるマーク。シンプルな「つかう」という文字が目につきます。また、組みたて方が絵でわかりやすくしめされていて、地しんなどのさいがいのときにも、あわてずにヘルメットを使うことができます。

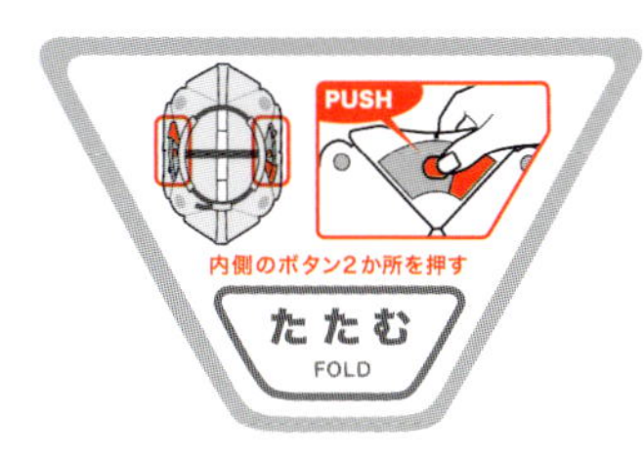

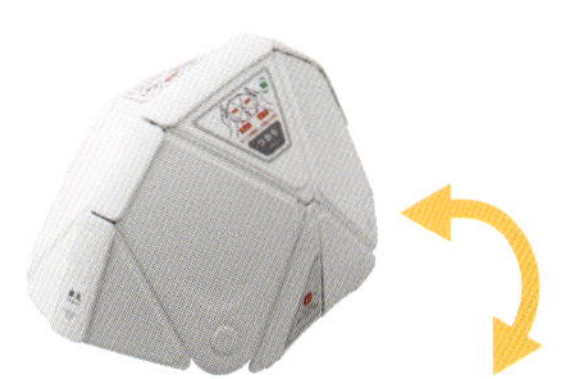

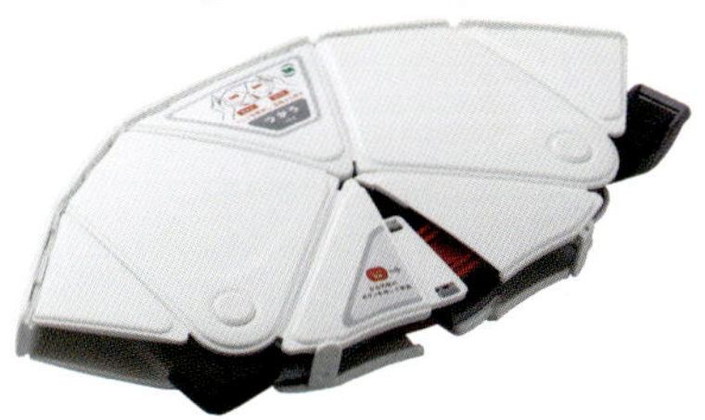

もっと知りたい！

校章のいろいろ

校章は、学校の歴史や場所、シンボルになる植物など、学校にまつわることを表しています。校章ができた理由を調べると、学校についていろいろなことがわかります。

横浜市立いぶき野小学校の校章

1年生から6年生までが、手をつなぎあって成長していくようすを図案化しました。

久留米市立三潴小学校の校章

校名からとった「三」と、小学校の「小」を、サクラの花の形で囲みました。

げた箱の記号・マーク

げた箱は登下校のときだけでなく、校庭に出るときや避難のときなどにも使います。たくさんの人が利用しやすいように、さまざまなマークがあります。

くつを置く場所のマーク

くつをぬぐ場所や、自分のくつを置く場所がすぐにわかるようなくふうがあります。

学年とクラス

1つのげた箱が、どこの学年のどこのクラスのかたまりなのかを表すマーク。学年ごとの色やクラスごとの色を決めて、集団をよりわかりやすくしている場合もあります。

かかとをそろえよう

げた箱にくつを入れるときは、かかとをそろえるようによびかけるマーク。みんなが使う場所なので、整理整とんして見た目に美しく、使いやすくするためのくふうです。

出席番号

げた箱で、くつを置く場所にそれぞれつける出席番号。漢字やひらがなで名前をかくよりも、数字のほうがかんたんに自分のものであることをしめすことができます。クラスがえなどでげた箱がかわっても、出席番号はひきつづき使うことができます。

土足禁止

ここからは外ばきをぬぐ場所であることをしめすマーク。赤い丸とななめの線は、禁止を表すマークによく使われます。くつに赤のななめの線がかかっていて、ひと目で土足禁止であることがわかります。

もっと知りたい!

トイレなどでのスリッパの置き方を表すマーク

ゆかにはりつけて、スリッパを置く場所をしめすマーク。「スリッパをここに置いてください」などという文章は使わず、スリッパの絵だけで、置き場所やそろえ方を伝えています。

ろうか・階段の記号・マーク

みんなが通行するろうかや階段には、通行しやすくするためのマークや、火さいが起きたときに役立つマークがあります。

階数

建物のどの階かを表す数字。階段をのぼりおりするときに建物のどの階へ行くかがわかりやすくなっています。階段のおどり場などでよく見られます。また、階段のいちばん下といちばん上にその階を表す数字がしめされることもあります。

右側通行

ろうかや階段が、右側通行であることを表すマーク。歩くときや階段ののぼりおりをするときに、おたがいがぶつからないためのルールです。

ろうか

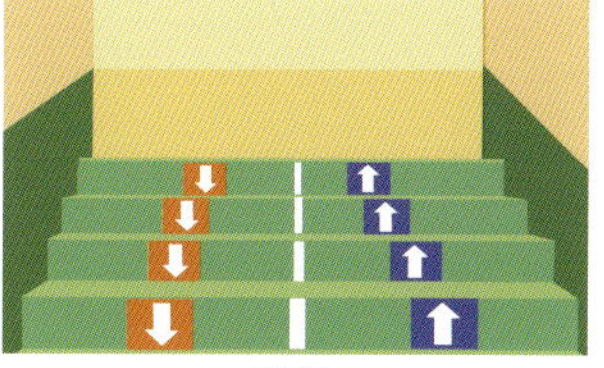
階段

消火器

「消火器」が近くにあることを伝えるマーク。赤い色はきんきゅうのときに気づきやすいようにするためです。矢印は消火器のある場所をしめします。

消火器と火さいの種類

この消火器がどんな種類の火さいのときに使えるかを表すマーク。白、黄色、青の丸の中にそれぞれちがう絵があり、火さいの種類を表しています。3つのマークがついていれば、さまざまなげんいんの火さいに使える消火器であることをしめしています。

紙や木などが燃える火さい

石油などの油が燃える火さい

電気設備などの火さい

もっと知りたい！

消火器の使い方

消火器のマークのそばに、消火器の使い方が絵でしめされていることが多くあります。いざというとき、すばやく使えるようになっています。

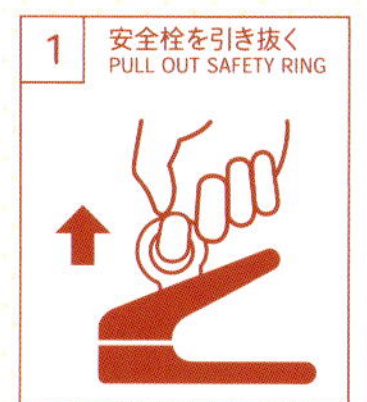

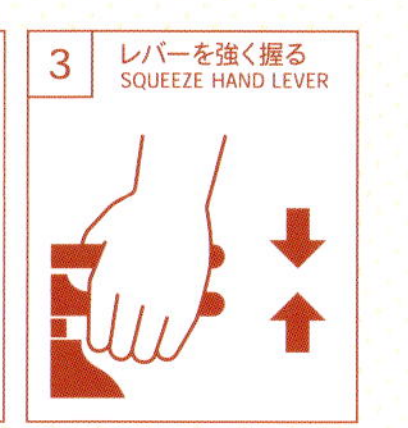

しょくいん室の記号・マーク

しょくいん室にはプリントをつくるパソコンや、印刷機があります。
そこにあるマークは、使い方や注意すべきことを知らせています。

パソコンのマーク

パソコンでメールを打ったり資料をつくったりするとき、どのソフトウェアを使うのかをしめすマークがあります。これを「アイコン」とよびます。

メール

メールを送ったり受けとったりできるソフトウェアのマーク。「メール」は英語で「手紙」のことなので、手紙を入れるふうとうの形をしています。メールを受けとった数がしめされることもあります。

インターネット

インターネットにつなぎ、ウェブサイトなどを見ることができるブラウザ（ソフトウェア）のマーク。ブラウザにはさまざまな種類があります。このマークは「Edge」です。

ワード

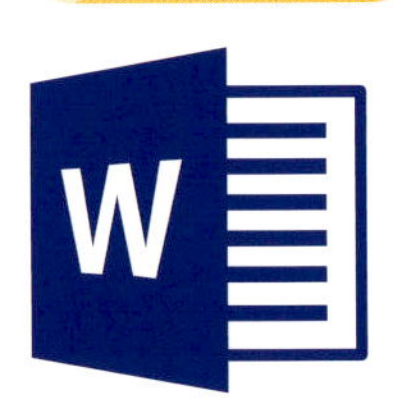

文書をつくる「ワード」を表すマーク。「Word」は日本語で「言葉」の意味で、頭文字をとって「W」がアイコンにかかれています。

エクセル

計算を自動でできる「エクセル」を表すマーク。「Excel」は２文字目の「X」がアイコンにかかれています。

印刷機のマーク

印刷機には、環境にやさしい製品であることを表す、さまざまなマークがついています。

エコマーク

環境にやさしい製品であることを表すマーク。地球を手でやさしく包むようにデザインされています。環境を守るためのルールにそっていることを表していて、印刷機以外にも文具、事務用品などさまざまなものに見られます。

国際エネルギースター

エネルギーを大切に使う「国際エネルギースタープログラム」のルールにそったオフィス機器であることを表すマーク。「energy」の筆記体と星をデザインしています。少ないエネルギーで使える機器であることを伝えています。

段ボールのマーク

段ボールの中身を守るため、扱い方をしめすマークがついています。

取扱注意

段ボールの中に「取扱注意」の品物が入っていることをしめすマーク。品物を表す四角い箱を両手で包みこむように持っている絵で、ていねいに取りあつかうことを伝えています。赤色で注意をうながしています。

水濡れ防止

紙類などが水に濡れないように、注意をうながすマーク。水滴とそれを防ぐ傘のデザインで、中身が濡れないように守ることを伝えています。

ほけん室の記号・マーク

ほけん室にはさまざまな計測器や、けがなどをしたときに必要な器具があり、それぞれの見方や使い方を教えるマークがついています。

身長計や体重計のマーク

背の高さをはかる身長計と、体の重さをはかる体重計には、それぞれの単位やちがった表し方があります。

足をのせる場所のマーク

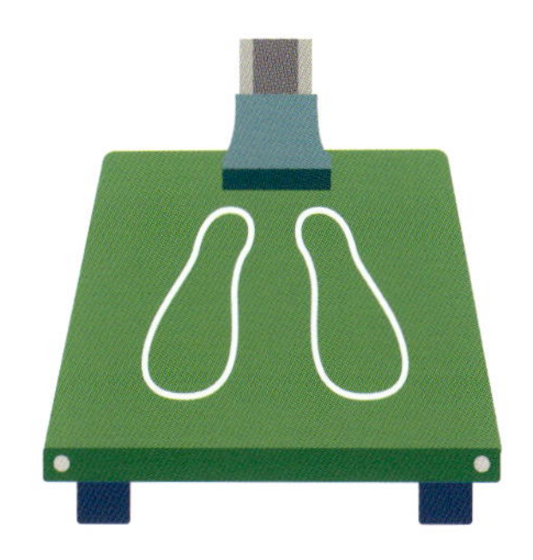

体重計や身長計にのる場所をしめしたマーク。身長計の足のマークは、正しく身長をはかれる場所をしめしています。体重計なら、足のマークの場所にのれば、正しい体重がはかれることをしめしています。

身長をはかるめもり

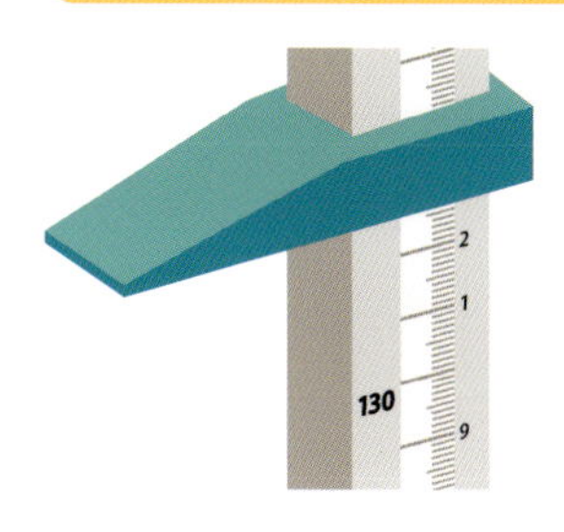

ミリメートル（mm）単位で区切ってある身長計のめもり。1 cm ごとに数字がかいてあります。めもりの長さや太さをかえて、わかりやすく見せるくふうがされていることもあります。

体重をはかるめもり

キログラム（kg）単位で区切ってある体重計のめもり。10kg ごとに数字がふってあり、わかりやすくなっています。

体温計のマーク

体温計のまどには、体温をしめす数字のほかに、この体温計が正じょうにはかれるじょうたいかどうかをしめすさまざまなマークが表示されます。

予測マーク

体温をしめす数字が、予測されたあたいであることを表します。

M 88.8℃

電池交かんのマーク

電池の形の長方形の中が白いときは、電池がなくなりかけていることを表しています。

＊体温計によって表示はちがいます。

もっと知りたい！

避難はしごのマーク

「避難はしご」がある場所を表すマーク。英文字の「EMERGENCY LADDER」とは「避難はしご」の意味です。文字だけでなく、人がはしごをおりているようすがえがかれているものもあります。

避難はしご
EMERGENCY LADDER

図書室・音楽室でよく見る記号・マーク

図書室では本をさがしやすくするためのマーク、音楽室では演奏するための記号がたくさんあります。いろいろな本を読んだり、たくさんの曲を楽しんだりするのに、記号やマークは大いに役立っています。

COMPACT
disc
DIGITAL AUDIO
Jazz
rit.
Fine

図書室の記号・マーク

たくさんの本がならぶ図書室。さがす人に便利なように、本を整理するいろいろな記号があります。本そのものにも、たくさんの記号やマークが使われています。

ISBN

どこの国の、何という出版者が発行する、何というタイトルの、いくらの本なのかといった情報を伝える記号。 国際標準図書番号「International Standard Book Number」の頭文字を取っています。本の裏表紙に、多くは2列の数字で印刷されています。上の列は、国、出版者、書名などの情報を数字化しています。下の列は図書分類と、税ぬきでの本体価格を表し、日本図書コード独自の規格です。それぞれの数字はバーコードでも表されていて、バーコード読み取り機ですぐに読みとることができます。

分類記号

本がどこにあるかをしめす記号。 本の背にはられたラベルにかいてあります。本の内容によって、「日本十進分類法（NDC）」で決められた3けたの数字で表します。ラベルの真ん中の段はかいた人の名前の頭文字、下の段は巻を表す数字をしめしています。

913 — 分類記号
あ — 図書記号
1 — 巻別記号

9　10の大きなテーマ
1　さらに内ようによって10に分ける
3　もっと細かく10に分ける

一次区分		二次区分		三次区分	
0	総記	90	文学	910	日本文学
1	哲学	91	日本文学	911	詩歌
2	歴史	92	中国文学など	912	戯曲
3	社会科学	93	英米文学	913	小説・物語
4	自然科学	94	ドイツ文学など	914	評論・エッセイ・随筆
5	技術	95	フランス文学など	915	日記・書簡・紀行
6	産業	96	スペイン文学など	916	記録・手記・ルポルタージュ
7	芸術	97	イタリア文学など	917	箴言・アフォリズム・寸言
8	言語	98	ロシア・ソビエト文学など	918	作品集
9	文学	99	その他の諸言語文学	919	漢詩文・日本漢文学

＊図書館によっては、分類や表記がちがう場合があります。

全国SLA

全国学校図書館協議会（全国SLA）のマーク。日本の学校図書館であることを表すために、「ニッポニア・ニッポン」の学名をもつ鳥のトキが飛んでいるようすをデザインしています。

環境保護印刷

ゴールドプラス

ゴールド

シルバー

印刷業界で、環境に配慮して生産活動に取りくんでいることを表すマーク。オホーツク海のきれいな水に生息するクリオネがシンボルに使われ、「クリオネマーク」ともよばれています。配慮のレベルに合わせてマークが3種類あります。

植物油インキマーク

植物由来の油を多くふくむインキで印刷されたことを表すマーク。自然界にあるものを使うことで、環境をよごさないくふうをしていることを伝えています。

バタフライロゴ

水を使わない印刷をすることで、川や海などの水をよごさない活動に取りくんでいることを伝えるマーク。シンボルに使われているチョウは、環境にとてもびんかんで、生息する地域が年ごとにへっているオオカバマダラです。

読書週間

「読書週間」のマーク。第二次世界大戦後まもなく、「読書の力によって、平和な文化国家をつくろう」と始められた運動によって、文化の日を中心とした2週間が「読書週間」と定められました。ちえのしょうちょうとされているフクロウを図案化しています。

国際子ども図書館

国際子ども図書館のマーク。国立の図書館として、子どもの本や読書に関わる活動をささえています。子どもが本を読んでいるデザインで、「ILCL」の文字は、国際子ども図書館の英語名「International Library of Children's Literature」の頭文字。だれでもかんたんにかけて、親しめるようにデザインされています。

もっと知りたい！

読書推進する自治体

多くの人に読書をしてもらおうと、家庭・学校・図書館が地域ぐるみで一体となっておうえんをしている自治体がたくさんあります。その取り組みを広く知ってもらうために、自治体ごとにシンボルマークがつくられています。

よむりん
愛知県一宮市

埼玉県三郷市

北海道恵庭市

音楽室の記号・マーク

昔は、歌は口伝えで覚えるしかありませんでした。でも、音符をはじめとする記号があみだされたことで、今は世界中のだれもが同じ歌に親しめるようになったのです。

音符

4分音符

音の長さをしめす記号。だ円の「たま」、だ円からのびた「ぼう」、ぼうにニョロリとついた「はた」とよばれる3種類の図を組みあわせて表します。もととなるのが4分音符で、1ぱくの長さです。だ円が五線のどの線にあるかで、音の高さを表します。

8分音符

16分音符

2分音符

全音符

休符

4分休符

8分休符

16分休符

音を出さないことをしめす記号。音符と同じように、長さによってことなる記号を使います。4分休符は4分音符と同じ長さの休みを表し、下から上へかきます。

音部記号

ト音記号

へ音記号

音の高さを決める記号。ト音記号は高音部、へ音記号は低音部を表しています。それぞれ基準となる音をしめす「G」（ト音）と「F」（へ音）を図案化しています。

五線

音符をかきこんで、がくふをつくるための記号。音の高さをしめすもとになる5本の平行線で、左から右にかいていきます。上に行くほど高い音、下に行くほど低い音を表します。

強弱記号

クレッシェンド

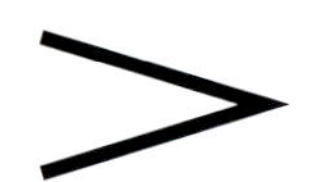

デクレッシェンド

クレッシェンドは「だんだん強く」、デクレッシェンドは「だんだん弱く」を表しています。右に向かって開いていくほど強く、とじていくほど弱くすることを表しています。

フォルテ

ピアノ

音の強弱を表す記号。フォルテは「強く」、ピアノは「弱く」の意味で、それぞれイタリア語の「forte」と「piano」の頭文字、「f」と「p」で表しています。

速度記号

速い ↑↓ おそい

allegro	（アレグロ）
moderato	（モデラート）
andante	（アンダンテ）
largo	（ラルゴ）

えんそうするときの速さやきもちを表す記号。おもにイタリア語でかかれています。アレグロは「速く、楽しげに」、ラルゴは「おそく、ゆったりと」の意味。

変化記号

シャープ　フラット　ナチュラル

半音かえるときの記号。シャープは「半音上げる」、フラットは「半音下げる」、ナチュラルは、半音上げたり下げたりした音を「もとにもどす」という意味。

ディスクのマーク

CD　DVD

このディスクが何かを伝えるマーク。音楽を聞くCDや映ぞうを見るDVDなどは、どれも同じ形をしているため、再生する機械をまちがえないようにつけられています。

音楽を聞くときの記号

再生　一時停止　早送り　早もどし

オーディオなどで音楽を再生するときのマーク。再生をしめすマーク「▶」をきほんに、早送りするときは「▶」が2つ、もどすときは「▶」のぎゃく方向2つと、見た目にもわかりやすくなっています。

もっと知りたい！

昔のがくふ

今残っている最古のがくふは、9世紀ごろにかかれたものといわれています。下のがくふは、18世紀のものとされています。5本線ではなく4本線でかかれていて、せいかくな音の高さや長さ、リズムを表す記号がありません。

音符の形などから18世紀のものと思われるがくふ。

クイズ

Q1

これは東京都にある狛江市のシンボルマークです。「狛」という字と、ある楽器をひいているようすが表げんされています。何の楽器でしょう？

① ピアノ
② ハーモニカ
③ たてごと

答え：③ たてごとのほか、サックスやトランペットにも見たてられています。狛江市は「音楽の街」として、音楽にたくさんふれる環境づくりをめざしています。

じゅぎょうでよく見る記号・マーク

じゅぎょうでよく登場する記号やマークをしょうかいします。ひらがな、漢字、アルファベット、ものの大きさや重さを表す単位、スポーツを楽しむときのゼッケンなど、これら全部が記号やマークの仲間です。

今月習う漢字
号
集
横
文
避難のきまり
おさない
かけ
しゃべらない
もど
文
英語の先生
質問コーナー
LIKE
TEXAS
問
MARY
M
cm
10cm
クリーン
00
日本字消工業会

国語の記号・マーク

言葉をかきしるすための文字も記号の1つです。日本語で文章をかくときは、ひらがな、カタカナ、漢字の文字を使います。

ひらがな

中国でつくられた漢字が日本に伝わり、言葉をかきあらわすために使われるようになりました。ひらがなは、平安時代、漢字のくずし字から生まれた文字です。１つの文字が１つの音を表します。おもに女性が和歌や手紙、日記などを記すときに用いました。

和	不	左	計	天	安
↓	↓	↓	↓	↓	↓
わ	ふ	さ	け	て	あ

カタカナ

カタカナは、仏教のきょうてん（教えを記した書物）など、漢字でかかれた文を日本語で読むために生みだされました。漢字の「へん」や「つくり」などの一部からできています。ひらがなと同じく、１つの文字が１つの音を表します。こうした文字を、表音文字といいます。

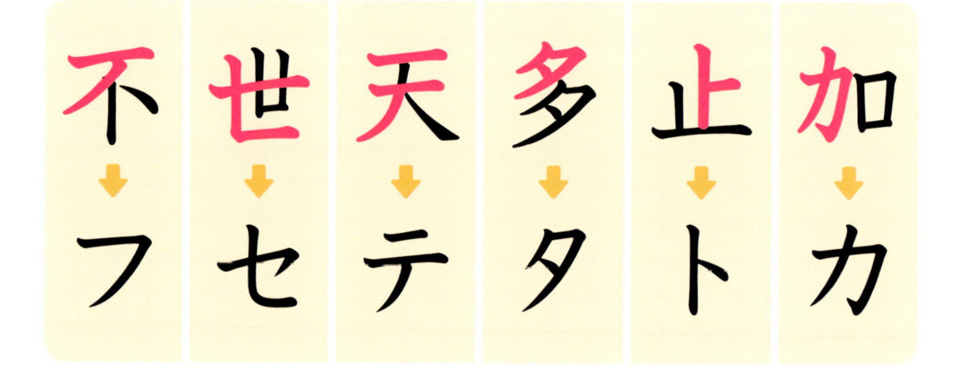

いろいろな文字

漢字

漢字は中国で生まれたものです。その成り立ちは大きく4つに分けられます。はじめにつくられたのが、動物や自然のすがた、じっさいのものの形からつくられた「象形文字」です。象形文字だけでは表しきれないことが出てきたので、新しく「指事文字」「会意文字」「形声文字」などがつくられました。

象形文字

形を表す絵からつくられた漢字です。

→ 目　もとは横に長い目の形が回転しました。

→ 火　火が燃えているようすを表しています。

→ 山　3つのみねがある山の形を表しています。

指事文字

方向や数など、絵ではわかりづらいものを線や点で表した漢字です。

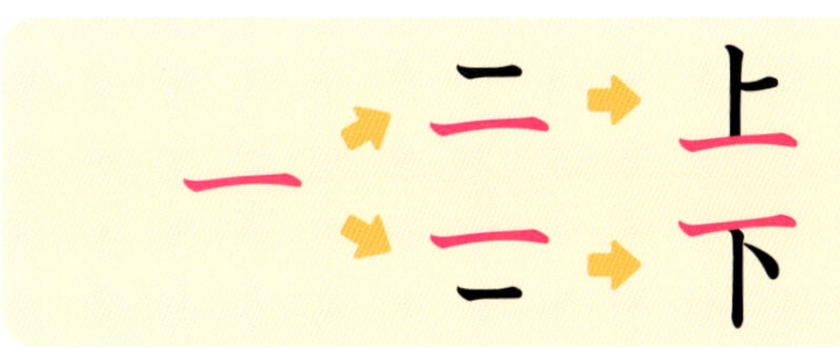

きほんの線の上に点を打って「上」という漢字が、下に点を打って「下」という漢字ができました。

会意文字

2つ以上の文字を組みあわせて意味を伝える漢字です。

木＋木＋木＝森

木を3つ組みあわせて、木がたくさんある森のようすを表げんしています。

形声文字

音を表す文字と、意味を表す文字を組みあわせた漢字です。漢字の中でいちばん多いのがこの形声文字です。

口＋門＝問

「しつ問」などの「問」は、音を表す「門」と、意味を表す「口」の組みあわせです。

もっと知りたい！

表意文字と表音文字

漢字は1つの文字が意味を表しているので、「表意文字」とよばれています。ひらがなやカタカナなど、意味は表さず、音だけを表すものは「表音文字」といいます。

鳥 月 人

表意文字

あいうえお
アイウエオ

表音文字

そのほかの記号・マーク

句読点やかっこなどの記号は、文字では表しきれない意味を伝えるときに使います。これらの記号を「約物」とよぶこともあります。

、読点

文章を区切るときに打ちます。「句点」と合わせて「句読点」といいます。

「　」かぎかっこ

会話を表すほか、タイトルや作品名をしめしたり、語句を強調したりするのに用います。

10月15日（日）
今日は、運動会でした。
「がんばれ！」と
先生が言いました。

（ ）まるかっこ

文字を省いてかくときや、漢字の読み方を表すときなどに使います。

。句点

文の終わりにつけます。「句読点」をふさわしい位置に打つことで、文章が読みやすくなります。

算数の記号・マーク

「＋」「－」などの計算で使う記号、「m」「kg」などの単位の記号……。数字のほかにも算数や数に関わる記号やマークはたくさんあります。

数字

０から９までの数字を「アラビア数字」といいます。計算するときに使うので「算用数字」ともよばれています。「アラビア数字」のそせんは、１世紀ごろにインドで生まれ、アラビア半島からヨーロッパへと伝わりました。

0 1 2 3 4
5 6 7 8 9

計算記号

算数では、さまざまな記号を使います。計算に使う「＋」「－」「×」「＝」などがその一種です。こうした記号によって、式をかんたんにかきあらわすことができます。また、世界共通のため、その国の言葉がわからなくても伝わります。

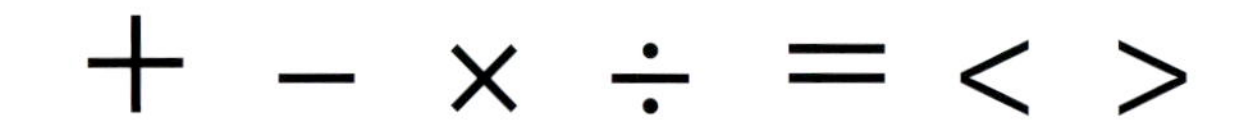

重さをはかる記号

１Ｌの水の重さを1kgとして、金属でその重さの器具をつくり、基準にしたことから生まれました。十進法で単位を表します。1kgの1000分の1が1gです。1000倍ごとに「t（トン）」「Mt（メガトン）」になります。

長さをはかる記号

「メートル法」は、十進法で長さの単位を表します。18世紀末にフランスで定められ、げんざい、世界各国で使われています。1000倍ごとに「k（キロ）」「M（メガ）」「G（ギガ）」「T（テラ）」が「m」の前につきます。「cm」は1ｍと1mmの間にある単位です。

かさをはかる記号

液体の量を表す単位に「Ｌ」があります。一辺10 cmの立方体の体積が1Ｌです。その10分の1が1dL（デシリットル）。１Ｌの1000分の１が1mLであり、一辺1 cmの立方体の体積です。なお、1mLは1ccと同じ量です。

もっと知りたい！

お金の単位

世界にはさまざまなお金の単位があります。

国	単位	記号
日本	円	¥
アメリカ	米ドル	$
イギリス	英ポンド	£
EU	ユーロ	€
中国	人民元	¥
韓国	ウォン	₩
タイ	バーツ	฿
インド	ルピー	₹
ブラジル	レアル	R$
トルコ	トルコ・リラ	₺

国際りかい・英語の記号・マーク

世界にはさまざまな言葉があり、その言葉を表げんするさまざまな文字があります。ローマ字はヨーロッパやアメリカなどを中心に、世界のいろいろな国で使われています。

ローマ字

ローマ字は、英語のほか、ドイツ語やフランス語、スペイン語などで使われている文字です。「ラテン文字」ともよばれています。26種類の文字があり、それぞれ大文字と小文字があります。26文字をまとめて「アルファベット」といいます。

大文字 文章のはじめや、人名・国名・地名の頭文字をかくときなどに使います。

A B C D E F
G H I J K L
M N O P Q R
S T U V W X
Y Z

小文字 大文字をよりかんたんに、はやくかけるようにつくられた文字です。

a b c d e f
g h i j k l
m n o p q r
s t u v w x
y z

Q2

世界でもっとも多くの人に話されている言葉は何でしょう？

① スペイン語
② 中国語
③ ドイツ語
④ 英語
⑤ フランス語
⑥ ロシア語

答え：②中国語。10億人をこえる人たちが話しているといわれています。2位は英語、3位はスペイン語です。
（出典：文部科学省ホームページ）

理科・社会の記号・マーク

理科のじゅぎょうでは電気やじしゃくの学習もあります。社会では地図の学習もあります。そこでもたくさんの記号やマークが使われています。

理科で見る記号・マーク

パソコンも電車も電気で動きます。電気が流れる道すじを回路といいます。
ふくざつな回路も記号を使えば、わかりやすい図で表すことができます。

電池の＋と－

電気の出入口を表す記号。「＋（プラス）」と「－（マイナス）」があり、電気は電池のプラス極から出てマイナス極にもどります。この電気の流れを「電流」といいます。

電気用図記号

電気回路図に使う記号。JIS（日本工業規格）によって定められています。電気の流れる向き、スイッチや電池、電球などが、この記号を用いて表されます。

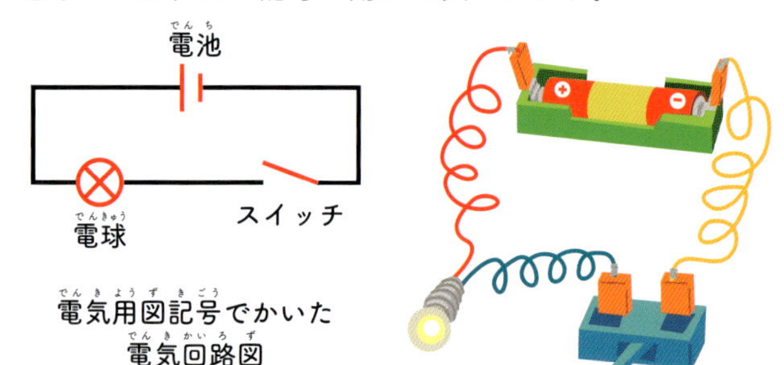

電気用図記号でかいた電気回路図

じしゃくのNとS

じしゃくのN極とS極をしめす記号。じしゃくには、目に見えない「じりょく線」がN極からS極に向けて出ています。N極は北（North）のほうを、S極は南（South）のほうを指すため、それぞれの頭文字で表されます。

星の等級

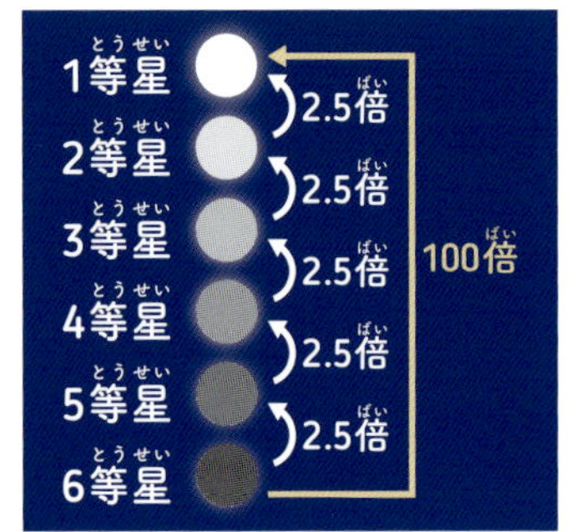

星の明るさを表す記号。等級（等星）の数字が小さいほど明るく、いちばん明るい星が1等星。1等星は、肉眼でぎりぎり見える6等星の100倍の明るさです。

もっと知りたい！

学習器具のマーク

えんぴつのかたさとこさを表す記号

「H」は「HARD（かたさ）」、「B」は「BLACK（黒）」の意味。Hの前の数が大きいほどしんがかたく色がうすく、Bの前の数が大きいほどしんがやわらかく色がこくなります。

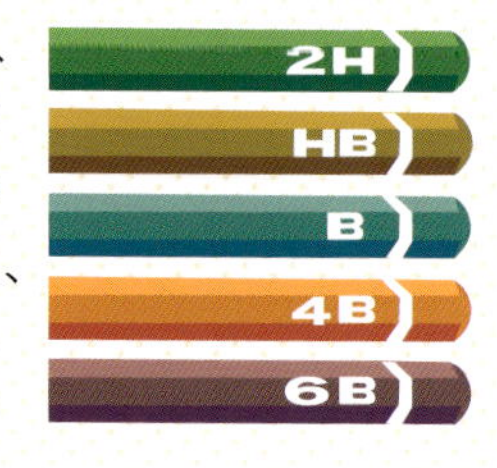

消しゴムの安全性や品質を表すマーク

日本字消工業会が定めた基準をクリアした消しゴムにつけられるマーク。材料に有害なものを使っていないことなど、安全性や品質などを保証しています。

社会で見る記号・マーク

地図には、建物や施設などが記号やマークで表されています。ここでは国の機関である国土地理院がつくった地図記号をしょうかいします。

地図記号

市役所

外側に太い丸、内側に細い丸の2重の丸で市役所をしめします。東京都の場合は、区役所をしめします。

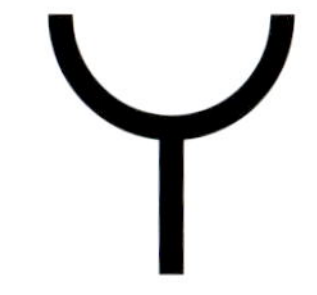

消防署

昔、火を消すために「さすまた」という道具が使われました。その形を記号にしています。

小・中学校

漢字の「文」で表しています。地域の人にとっては、さいがい時に、避難所にもなる大切な場所です。

高等学校

漢字の「文」で学校を表し、小・中学校と区別するために丸で囲んでいます。

老人ホーム

デザインをぼしゅうしてつくられた地図記号。建物の中に「つえ」がえがかれています。

もっと知りたい！

外国人向け地図の新しい地図記号

2020年の東京オリンピック・パラリンピックもあり、世界中から日本に来る旅行者がふえています。そこで、ホテルやレストランなど海外の人たちがよくおとずれる施設の外国人向けの地図記号を決めました。

項目	決定した記号	日本の地図記号
郵便局		
交番		
神社		
教会		
博物館／美術館		
病院		
銀行／ATM		
ショッピングセンター／百貨店	※1	
コンビニエンスストア／スーパーマーケット		

＊国土地理院 資料より

新しい地名表記

Tsukubasan ➡ Mt.Tsukuba

たとえば「筑波山」という山の名前は、これまで「Tsukubasan」とかかれていましたが、「san」を「Mt.」(英語で山の意味）にかえて「Mt.Tsukuba」にしました。

項目	決定した記号	日本の地図記号
ホテル	※2	
レストラン		
トイレ		
温泉		
鉄道駅		
空港／飛行場		
観光案内所		

※1 パブリックコメント(国民の意見)をふまえ、当初案 を一部かえた上で決定。

※2 パブリックコメント(国民の意見)をふまえ、当初案 を一部かえた上で決定。

体育の記号・マーク

学校にいる子どもたちが、安心して思いきり体を動かせるように、安全を守るさまざまなくふうがされています。

校庭にあるマーク

校庭で体を動かすとき、遊具を使うとき、みんなで場所を分けあうときなど、体育のいろいろな場面でマークが役立っています。

ゼッケン

スポーツをおこなうときに、競技者であることをしめすマーク。番号や名前がかかれていて、遠くからでもだれかがわかります。四角いぬのを、衣類のむねや背中にぬいつけたものや、着用するタイプがあります。

ロードコーン

きけんな場所や、立入禁止の場所などを知らせるマークとなる用品。工事げんばなどでも使われます。おもに赤や黄色が用いられ、反しゃ材も使われます。空どうになっているために軽く、また、重ねてしまえるので便利です。

もっと知りたい！

障害者のスポーツ

パラリンピックをはじめ、国内外でさまざまな障害者スポーツの大会が開かれています。主さいするだんたいやそれぞれの大会は、障害者スポーツのみりょくを広く知ってもらおうと、シンボルマークをつくっています。

日本障がい者スポーツ協会

全国障害者スポーツ大会

遊具

SPマーク

安全を守る基準にもとづいてつくられていることを表すマーク。子どもたちが安心して使える遊具であることを伝えています。「SP（Safety Product〈安全な製品〉の頭文字）」の文字が目立つように、白地に黄色と黒で表しています。

遊具個別注意シール

鉄ぼうやブランコなど、それぞれの遊具であそんでいるときに起こりそうなじこをふせぐための、注意をうながすマーク。赤い丸とななめの線で「禁止」を表し、その中にかかれているイラストで、どんな行動があぶないかをしめしています。

年齢表示シール

この遊具が、数字にかかれた年齢の子どものためのものであることを知らせるマーク。「大人は、おさない子どもを1人であそばせないで」と、注意をうながしています。おさない子どもや小学生を、ヒヨコやニワトリの絵で表しています。

体育館にあるマーク

体育館の中でさまざまなスポーツがおこなわれることから、それぞれのコートや使う道具などをしめす記号やマークを目にすることができます。

ゆかのライン

スポーツ競技のコートをしめすマーク。競技ごとにコートの形はことなりますが、色分けすることで、同じ場所にたくさんのコートラインを引くことができます。それによって、そのスポーツ専用のコートを持たなくても、こうたいでさまざまなスポーツをおこなうことができます。

- ①メインバスケットボールコート
- ②サブバスケットボールコート
- ③メインバレーボールコート
- ④サブバレーボールコート
- ⑤バドミントンコート

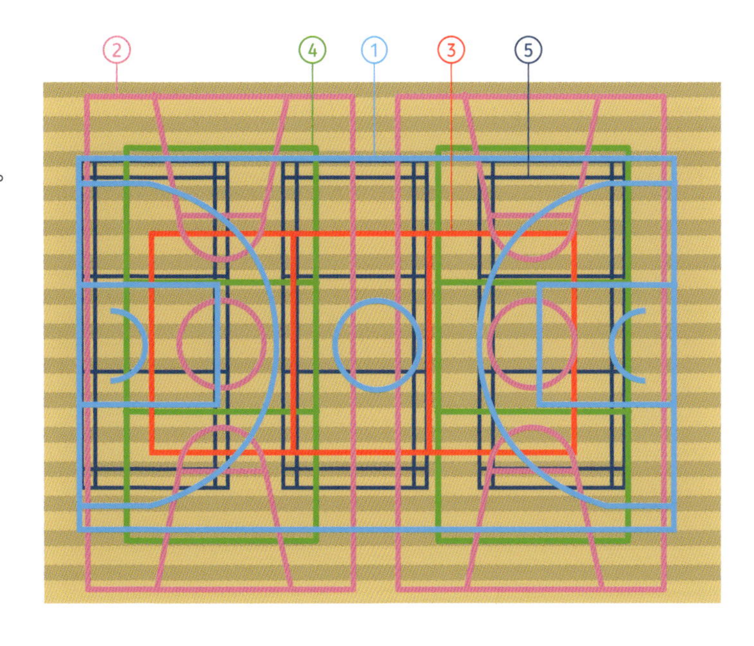

バスケットボール

バスケットボールの競技で使われるボールであることを表すマーク。ボールは、8まいの茶色のパネルを組みあわせてつくられています。ボールをつくった会社のロゴマークや、検定球であること、大会で使う公式のボールであることなどの情報を伝えています。

バレーボール

バレーボールの競技で使われるボールであることを表すマーク。写真のボールは、ほのおの形のパネルを組みあわせてつくられています。パネルにはほかにもさまざまな形があります。バスケットボールと同じような情報をマークで伝えています。

クイズ

Q3

バスケットボールコートのゴール下には、四角形*のスペースがあります。こうげきするチームの選手が、この中で守らなければいけないルールは何でしょう？

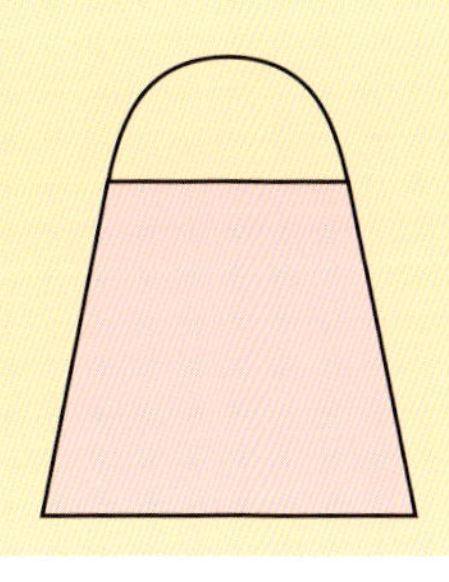

1. 3秒以上、スキップしていなければいけない。
2. 3秒以上、声を出してはいけない。
3. 3秒以上、とどまっていてはいけない。

＊図はミニバスケットボールのコートラインです。

答え：③

プールにあるマーク

プールを安全に使うためのルールをしめす記号やマークは、競技中の人が水の中にいてもわかりやすいように、くふうがされています。

ゆか面のコースライン

泳いでいる人に、自分がどこにいるのかを案内するためのマーク。コースにそってラインが引かれています。両はしのかべの位置を、２ｍ手前のＴ字のクロスラインで知らせています。また、はしから５ｍの位置やはしから半分の位置をクロスラインで伝えています。

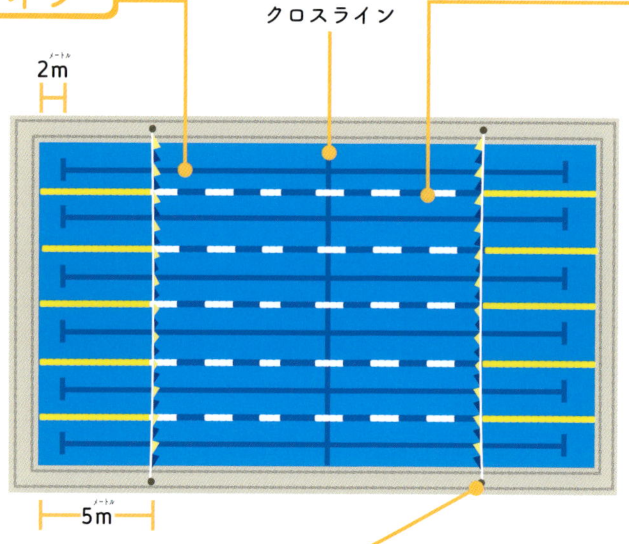

コースロープ

泳いでいる人に、自分のコースを知らせるためのマーク。25ｍプールの場合、両はしのかべから５ｍの位置で色をかえて、泳いでいる人にきょりを知らせています。水面のブイ（うき）には、泳ぎで生じる波を消す目的もあります。

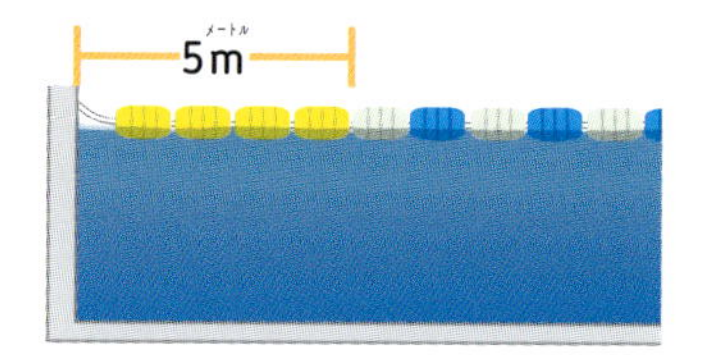

背泳ぎ標識（5ｍフラッグ）

背泳ぎをする人に、コースのはしまであと５ｍだと知らせる標識。旗の形で、プールの上をまたぐように備えつけられています。背泳ぎでは上を向いているので、この標識を見ることができ、両はしまでの目安になります。試合のときだけ、せっちすることが多いようです。

ＪＰＡＡマーク

プールの水をきれいにたもつためのそうちが、基準にもとづいてつくられていることを表すマーク。せいけつな環境で泳げるように、そうちを備えていることを伝えています。水をろかしたり、しょうどくしたりする処理がきちんとされていることがわかります。

もっと知りたい！

安全に通学するためのマーク

通学路や校門の周囲には、学校に通う子どもたちの安全を守るように、たくさんのマークが使われています。校門の周りに関係者以外立入禁止のマークをかかげている学校もあります。通学路では、横断歩道を安全にわたるための横断旗や、新１年生の黄色いランドセルカバーが、周囲の人に注意をうながすための目印になります。

関係者以外立入禁止

ランドセルカバー

横断旗

レッツトライ！

記号・マークがなかったら、どうなる？

わたしたちは、記号やマークを使って、さまざまな情報をやりとりしています。もし、記号やマークがなかったら、どんなことが起きるでしょう。

身近なところで考えよう

たとえば、学校や道路、乗り物、公園、病院、ショッピングモールに、記号やマークがなかったら……？　どんなことが起きるでしょう。こまってしまうことや不便なこと、あぶないことなど、いろいろ考えられそうです。みんなで話しあいながらかきだしてみましょう。記号やマークは、そんなふうにみんながこまることのないように、うまく使われています。わたしたちは、知らず知らずのうちに、記号やマークを使って、いろいろな情報を伝えたり、受けとったりしているのです。

信号や道路標識がなかったら……。

げた箱に学年とクラスの表示がなかったら……。

トイレに男女を区別するマークがなかったら……。

かいてみよう！

学校で

場所をしめす記号やマークがなかったら？

- 自分のくつやランドセルをどこに置いたらいいのかわからない。
- 男子と女子、どちらのトイレに入っていいのかこまってしまう。
- 何階の教室かがわからない。

道路で

信号や標識などがなかったら？

- 車が止まらず交通事故が起きる。
- 横断歩道がどこかわからず、道をわたれない。
- 一方通行の道に車が入ってきてあぶない。

記号やマークは、生活をささえる大切な役割をもっています。さまざまな人たちがこまることのないように考えられたものなのですね。

＊青い文字は、本文で説明している記号・マークです。黒い文字は記号・マークに関連する言葉です。

STAFF
デザイン　Yoshi-des.（大橋千恵）
イラスト　いわしまちあき、朝倉千夏
編　　集　WILL（西野泉、清水理絵、中越咲子、豊島杏実、田中有香、姉川直保子、秋田葉子）
編集協力　中村緑、岩熊純子、黒木康孝、山口舞
D T P　WILL（新井麻衣子）
校　　正　村井みちよ

画像・資料提供
ベルマーク教育助成財団、公益財団法人　古紙再生促進センター、プラスチック容器包装リサイクル推進協議会、紙製容器包装リサイクル推進協議会、第一工業株式会社、ミドリ安全株式会社、横浜市立いぶき野小学校、久留米市立三潴小学校、公益財団法人　交通エコロジー・モビリティ財団、一般社団法人　日本消火器工業会、日本ドライケミカル株式会社、公益財団法人　日本環境協会エコマーク事務局、国際エネルギースタープログラム（経済産業省資源エネルギー庁）、株式会社共立紙器製作所、テルモ株式会社、環境保護印刷推進協議会、印刷インキ工業連合会、公益社団法人　読書推進運動協議会、国立国会図書館国際子ども図書館、一般社団法人　日本WPA（日本水なし印刷協会）、公益社団法人　全国学校図書館協議会、埼玉県三郷市日本一の読書のまち推進室、一宮市立中央図書館、恵庭市教育委員会、Koninklijke Philips N.V.、DVDフォーマットロゴライセンシング株式会社、庄司佳世、狛江市、日本字消工業会、国土交通省国土地理院、一般社団法人 日本公園施設業協会、公益財団法人　日本障がい者スポーツ協会、セノー株式会社、公益財団法人　日本バスケットボール協会、株式会社モルテン、公益財団法人　日本バレーボール協会（JVA2018-02-003）、公益社団法人　日本プールアメニティ協会、緑交通安全協会、株式会社ナカネ

編・著／WILLこども知育研究所

幼児・児童向けの知育教材・書籍の企画・開発・編集を行う。2002年よりアフガニスタン難民の教育支援活動に参加、2011年３月11日の東日本大震災後は、被災保育所の支援活動を継続的に行っている。主な編著に『レインボーことば絵じてん』、「絵で見てわかる　はじめての古典」シリーズ、「せんそうって　なんだったの？第二期」シリーズ（いずれも、学研プラス）、『ただしいもちかたの絵本』、『１ねんせいの　せいかつ　えじてん』、「かんたん！　かわいい！　材料３つからのスイーツレシピ」シリーズ、「恐怖！　おばけやしきめいろブック」シリーズ、「やさしくわかるびょうきのえほん」シリーズ（いずれも、金の星社）など。

気になる記号とマークの図鑑
学校でよく見る記号とマーク

初版発行／2018年３月
第4刷発行／2019年11月

編・著／WILLこども知育研究所
発行所／株式会社金の星社
〒111-0056　東京都台東区小島1-4-3
TEL 03-3861-1861（代表）
FAX 03-3861-1507
ホームページ http://www.kinnohoshi.co.jp
振替 00100-0-64678
印 刷 ／広研印刷株式会社　製 本 ／株式会社難波製本

乱丁・落丁本は、ご面倒ですが小社販売部宛にご送付ください。送料小社負担にてお取替えいたします。

Published by KIN-NO-HOSHI SHA,Tokyo,Japan
NDC801　32ページ　26.6cm　ISBN978-4-323-04167-4

シリーズ全５巻
小学校中学年～

A4変型判　32ページ
図書館用堅牢製本　NDC801（言語学）

家や学校ですごすとき、町に出かけたり、電車に乗ったりするとき、あそんだりスポーツを楽しんだりするとき、わたしたちはたくさんの記号やマークにふれています。このシリーズでは、身の回りの記号やマークをしょうかいしています。それぞれの役割やくふうについても取りあげていますので、調べ学習などにも役立ててください。

家で よく見る記号とマーク

食品や衣類、電気製品など、ふだん見なれているものにも、さまざまな記号やマークがついています。品質を表したり、安全を伝えたりする役割があります。

学校で よく見る記号とマーク

いつも使っている教室や、学校のいろいろなところでよく見る記号やマークを集めました。見なれたところにも、記号やマークがあることがわかります。

町で よく見る記号とマーク

ショッピングモールや公園など、町の中にはどんな記号やマークがあるでしょうか。2017年7月にかわった記号やマークもしょうかいしています。

交通と公共施設で よく見る記号とマーク

人も車も、事故なく安全に通行するためには道路標識は欠かせません。ほかに、わたしたちが住んでいる都道府県のロゴマーク（都道府県章）などにも注目しています。

スポーツやあそびで よく見る記号とマーク

記号やマークは、スポーツやあそびでもたくさん使われています。テレビのスポーツちゅうけい、カードゲームなどでおなじみの記号やマークにも、きっと発見があるはずです。